स्वर्णिम आभा

काव्य संग्रह

निधि माथुर

INDIA • SINGAPORE • MALAYSIA

ISBN 979-8-89026-663-7

माँ शारदे है तुझे प्रणाम, चले मेरी लेखनी अविराम
रचती रहे दृश्य अभिराम, काव्य लिखूँ ले तेरा नाम

अनुक्रम

कवियित्री का परिचय

श्रीमती निधि माथुर एम.ए. इंग्लिश, बुन्देलखण्ड यूनिवर्सिटी, वर्ष 1995 की टॉपर हैं। वे एक सफल शिक्षाविद एवं उद्यमी हैं। वे प्रतिनिधिज़ इंग्लिश अकादमी, मुम्बई, की सह-संस्थापिका हैं, तथा शिक्षा के क्षेत्र में पिछले कई वर्षों से हैं। उन्हें शिक्षा के क्षेत्र में हर राइज़िंग द्वारा "वुमन इन एजुकेशन" श्रेणी 2021 में पुरस्कृत किया जा चुका है।

बचपन से ही उनकी रुचि लेखन एवं पठन-पाठन में रही है। मात्र 15 वर्ष की आयु में उन्होंने अपनी पहली कहानी लिखी। बाद में उन्होंने कविताओं का सृजन करना प्रारंभ किया। अब तक उनकी काफी रचनाएँ देश के प्रतिष्ठित समाचार पत्रों व एवं पत्रिकाओं में प्रकाशित होती रही हैं जिनमें उल्लेखनीय हैं: द हिंदुस्तान टाइम्स, अमर उजाला, सामना, वृत्तमित्र, भोजपुरी राज्य अमन, सरिता, गृहशोभा आदि। ई-पत्रिकाओं में भी उनकी रचनाओं को सम्मानित किया जाता रहा है तथा कई प्रतियोगिताओं में भी वे विजेता घोषित की जा चुकी हैं।

पदमश्री श्रीमती मालती जोशी, विश्वविख्यात हिंदी लेखिका, ने उनकी कविताओं की सराहना एवं समीक्षा की है। श्रीमती निधि माथुर वैसे तो सभी विषयों पर अपने विचार व्यक्त करती हैं, परंतु उनका प्रिय विषय 'प्रकृति' है, जिसके अनेक मनोरम रंगों पर वह कविताएँ लिख चुकी हैं। उनकी कविताओं में उनके हृदय के उद्गार प्रकट होते हैं। वह कविता में भाषा एवं भावों दोनों को ही महत्वपूर्ण मानती हैं।

An Introduction to the Poet

Mrs. Nidhi Mathur is an M.A. in English, Bundelkhand University and topper of the year 1995. She is a successful educationist and entrepreneur. She is the co-founder of PratiNidhi's English Academy, Mumbai, and has been in the field of education for several years. She received the "Woman In Education" award by Her Rising in the field of education in 2021.

Since childhood, she has always been interested in writing and reading. At the age of 15, she wrote her first story. Later, she ventured into the field of poetry. Till now, many of her works have been published in prestigious newspapers and magazines of the country, out of which the notable ones are: The Hindustan Times, Amar Ujala, Saamna, Vrittmitra, Bhojpuri Rajya Aman, Sarita, Grihashobha etc. She has also been declared winner in many competitions.

Padmashri Smt. Malti Joshi, world renowned Hindi writer, has appreciated and reviewed her poems. Mrs. Nidhi Mathur has expressed her views on all the subjects. However, her favourite subject is 'nature'. She has written poems on its many captivating aspects. The feelings of her heart are revealed in her poems. She considers both language and expressions important in poetry.

आभार

मेरी इस पुस्तक का श्रेय मेरी पूज्यनीया माँ श्रीमती आभा माथुर, तथा मेरे पूज्यनीय पिताजी श्री महेश्वर दयाल माथुर को जाता है। यह किताब इन दोनों का एक बहुत पुराना व प्रिय सपना है, जो आज सच हुआ है। मेरी माँ ने सदा ही मुझे लिखने के लिए न ही सिर्फ़ उत्साहित किया, परन्तु मेरी गलतियों को सुधार कर एक नए आत्मविश्वास से बढ़िया लिखने के लिए भी प्रेरित किया। मेरे पिताजी ने हमेशा ही खुद पर भरोसा रखने की सीख दी।

मेरी कविताओं की आलोचक एवं प्रशंसक मेरी छोटी बहन श्रीमती दीपाली सरूप ने भी हमेशा मेरी भाषा व भाव दोनों को सही रूप देने में सहयोग किया है। इस पुस्तक के प्रकाशन में मेरे पति श्री विजय माथुर एवं सुपुत्र तनय माथुर का विशेष योगदान है, जिन्होंने मुझे सदा ही प्रोत्साहित किया है।

विशेष आभार अन्तर्राष्ट्रीय ख्याति प्राप्त लेखिका पद्मश्री श्रीमती मालती जोशी जी को, जिन्होंने न ही मेरी कविताओं की समीक्षा की, अपितु समीक्षा को प्रकाशित करने की अनुमति भी दी। उनके प्रोत्साहन ने मेरा बहुत मनोबल बढ़ाया है।

आप सब से मिली सराहना तथा प्रोत्साहन की वजह से ही यह पुस्तक "स्वर्णिम आभा" आज संभव हो पाई है।

मैं आप सभी का हृदय से धन्यवाद एवं आभार प्रकट करती हूँ। आप आगे भी इसी तरह मेरा मार्ग प्रशस्त करते रहिएगा। यह पुस्तक आप सभी को समर्पित है।

Acknowledgement

The credit for this book goes to my respected parents Mrs. Abha Mathur, and Mr. Maheshwar Dayal Mathur. This book is a very old and dear dream of both of them, which has come true today. My mother not only encouraged me to write, but also motivated me to write better with confidence, by correcting my mistakes and giving the right suggestions. My father has always taught me to believe in myself, no matter what the others say.

My younger sister Mrs. Deepali Sarup, a critic and admirer of my poems, has always helped me in giving the right shape to both my language and expressions. A special mention of my husband Mr. Vijay Mathur and son Tanay Mathur, is necessary, as their unflinching support has been instrumental in the publication of this book.

I express my heartfelt gratitude to the internationally renowned writer PadmaShri Mrs. Malti Joshi, who not only reviewed my poems, but also gave permission to publish the review. Her encouragement has boosted my morale a lot. Due to the appreciation and encouragement received from all of you, this book "Swarnim Abha" has become a reality.

I express my gratefulness towards all of you. Please continue to illuminate my way in the future as well. This book is dedicated to all of you.

प्रस्तावना

"स्वर्णिम आभा" संकलन में विभिन्न विषयों पर कवियित्री ने अपने हृदय के भाव प्रस्तुत किए हैं। इस संकलन में प्रकाशित, चुनी हुई 71 कविताएँ हैं।

कवियित्री हर विषय पर लिखती हैं, अतएव इस पुस्तक में प्रेम, मित्रता, प्रकृति, शिक्षा, पर्व, हास्य, मानव प्रकृति, समसामयिक घटनाओं एवं हृदय के अंतर्द्वंद को व्यक्त करती हुई कविताएँ हैं।

इस संकलन में ब्रजभाषा में लिखित, कवियित्री के सर्वाधिक प्रिय ईश श्रीकृष्ण को भी कविताएँ अर्पण हैं। एक कविता "राघव" जो कि श्रीराम को अर्पित है, अवधी भाषा में है। साथ ही अन्य मानवीय संवेदनाओं जैसे कि लोभ, घृणा, तिरस्कार, उपेक्षा आदि का भी कवियित्री ने अपनी कविताओं में सुंदर चित्रण किया है। लगभग सभी रसों में उन्होनें अपनी कविताएँ लिखी हैं। कविताएँ भावों का प्रतिबिंब होती हैं, श्रीमती निधि माथुर की कविताओं में यह स्पष्ट दिखाई देता है।

Preface

In "Swarnim Abha", the poetess has presented her heart's feelings on various subjects. In this collection there are 71 selected poems.

The poetess writes on every subject, therefore in this book she has written about love, friendship, nature, education, festivals, humour, human nature, contemporary events and inner conflicts of the heart. Other human emotions such as greed, hatred, contempt, neglect etc. have also been portrayed excellently by the poetess in her poems.

In this compilation, poems written in Braj Bhasha, are dedicated to her beloved deity "Shri Krishna". Another poem "Raghav", dedicated to Shri Ram, is in Awadhi dialect. Poems are the reflection of one's feelings, this is clearly visible in the poems of Mrs. Nidhi Mathur.

पद्मश्री श्रीमती मालती जोशी जी की "सूर्य वंदना" एवं "पुरवा" की समीक्षा

"अपनी दोनों कविताओं में आपने प्रकृति के मनोरम दृश्यों का शब्दांकन किया है और उस रमणीयता का श्रेय सूर्यदेव को दिया है यह बहुत अच्छा लगा। पुरवा की नटखट अठखेलियों का भी आपने सुंदर चित्र प्रस्तुत किया है। सीमेंट के जंगलों में रहने वाली इस पीढ़ी के लिए प्रकृति का सौंदर्य उपलब्ध कहाँ होता है? ऐसी कविताओं के सहारे वे कल्पना में ही सही प्रकृति से तादात्म्य स्थापित कर पाएँगे।"

ॐ

मालती जोशी

404 TORINO
HIRANADANI
POWAI
MUMBAI
400076

119, मदनलाल ब्लॉक,
एशियाड गेम्स विलेज
सिरीफोर्ट ऑडिटोरियम के पास
नई दिल्ली–110049
फोन– 09993068007, 011–26493679

दिनांक १२ जून २०२१

निधी जी

आपकी दोनो कवितायें मिलीं – आभारी हूँ।
मूल तो मैं पढ नही पाती बेटे ने प्रिंटआउट
निकाल कर दिया इसलिये पढ सकी।

आपने समीक्षा के लिये कहा है। दरअसल कविता मेरा
सुदूर अतीत है। अब तो एकदम गद्यमय हो गई है।५.
उ आपके अनुरोध का मान रख रही हूँ।

अपनी दोनो कविताओं में आपने प्रकृति के मनोरम
दृश्यों का शब्दांकन किया है। और इस एकरसता
का श्रेय सूर्य देव को दिया है यह बहुत अच्छा लगा
पुरवा की नटखट अठखेलियों का भी आपने सुन्द-
रैचित्र प्रस्तुत किया है।

सीमेंट के जंगलों में रहने वाली इस पीढ़ी के लिये
प्रकृति का सौन्दर्य अनुभव कहाँ होता है। इसी कविताओं
के सहारे वे कल्पना में ही सही प्रकृति से तादात्म्य स्थापित
कर पायेंगी। शेष शुभ

शुभकामनाओं सहित
मालती जोशी

पुनश्च: मैं उत्तर प्रदेश की नहीं, मध्य प्रदेश की निवासी
हूँ। मातृभाषा मराठी है पर शिक्षा दीक्षा हिन्दी
में ही हुई है।
मालती जोशी

सृष्टा

मनमोहना

सुरम्य निसर्ग, मुदित खग-विहग

तटिनी कूल पर झुकते विटप

भ्रमर का गान हो रहा मुखर

गुंजित मधुर संगीत के स्वर॥

सुमधुर वेणु पर राग बन

थिरक उठा सुरों का तन

अप्रतिम आनंद छाया है वन

अद्वितीय उल्लास से पुलकित मन॥

चहुँ ओर हैं गोपी-सखा

अद्भुत उत्सव की सी छटा

अनुरक्त प्रकृति, आसक्त धरा

सुकुमार कानूरा है सर्वत्र बसा॥

अनिंद्य सौंदर्य अरु छवि मनोहारी

रूपकांति पर मुग्ध नर-नारी

चारु स्मित से मोह लिए गिरिधारी

सलोनी राधिका के प्रियवर बिहारी॥

रहे अंकित हृदय में यह दृश्य अभिराम

अंतर्मन हो सुरभित ले कान्हा का नाम

नित नव्य लीलाएँ करें गोकुल धाम

वंदन यह अर्पण तुम्हे हे श्याम॥

विपदा हर लो भगवान

तांडव है, प्रकोप शिव का, त्राहि-त्राहि की पुकार
प्रलय की गूँज है, मचा चहुँ ओर हाहाकार
रोक लो सुदर्शन चक्र, हे कृष्ण करो जन उद्धार
सर्वोच्च सत्ता एक तुम्ही, आज करें सभी स्वीकार॥

मद, लोभ, अहम्, अभिमान
सबसे बने नियंता महान
अद्भुत मिले थे जो वरदान
किया न कभी उनका सम्मान॥

पथभ्रष्ट हो खोया न्याय, विवेक
दिया निमंत्रण विपदाओं को अनेक
किया उल्लंघन सीमा का प्रत्येक
विनाश का दोषी मानव एक॥

दण्ड की भागी मानव जाति
कौन समझाए उसे किस भाँति?
संयम, नियंत्रण के रहे न मानी
रुकी न रोके अतिशय हानि॥

गतिमान विश्व जब हुआ गतिहीन

पल में सुख हो गया विलीन

धन, पद, माया में थे जो लीन

सुधि ली, अब बन गए दीन॥

प्रकृति से खेल का, भोग रहे सब परिणाम

अपना लिए दण्ड, भेद, दाम, साम

विपत्ति के काल से जूझ रहे, हे श्याम

ढाल बन करो रक्षा, कवच बने आपका नाम॥

यह कोरोना काल में आपदाओं को दूर करने की प्रार्थना है।

ईश्वर का सृजन

हे माँ वसुन्धरा,
गुंजित, कूजित, सुरभित कानन
तड़ाग, गिरि, सरित मनभावन
कलरव, गान से सुमधुर वंदन
करें अनुरक्त, यशोगाथा स्तवन॥

हे अपराजित अम्बर,
विस्तृत, अपरिमित, नील वितान
अंकित तारक, चन्द्र, विवस्वान
रश्मियों से खेलते मेघ श्वेत-श्याम
नभ की शोभा है नयनाभिराम॥

हे अवर्णनीय निसर्ग,
पुष्पज, कोंपल, कुसुम, पल्लव
लतिका, विटप, दूर्वा, बिरव
प्रचुर हरीतिमा का वैभव
मनोरम रम्यता नित्य प्रति अभिनव॥

हे विकासशील मानव,
उत्कृष्ट बुद्धि, गुण, बल, विचार
ज्ञान से स्वप्नों के पंख लें आकार
चहुँ ओर प्रगति के खुल गए द्वार
नित नूतन क्षितिज का हो विस्तार॥

हे सर्वशक्तिमान ईश्वर,
सृष्टि के पालक, तुम सृजनहार
अद्भुत, अद्वितीय, अप्रतिम रचा संसार
विपुल सम्पदा का दिया उपहार
अभिनन्दन, नमन प्रभु करो स्वीकार॥

मेरो साँवरो कन्हाई

मथुरा में जन्म लियो साँवरो सलोनो बाल
गोकुल हर्षायो, आयो नंद को लाल
जसोदा पुलकित निरख नन्हों सो गोपाल
किलकत, ठुमकत, गावत, चलत डगमग चाल॥

"लल्ला भयो नटखट, कीन्हीं दधि की चोरी"
"दईया रे! तक-तक माखन गगरिया फोरी"
"ओखल से काहे बाँधो, हँसत छोरा-छोरी"
"मैया क्यों न सुने कबहुँ तू मोरी?"

ऐसो बढ़न लगो गोकुल को लाड़लो
मोहिनी छबि सों सबहिन को ठगन लगो
रस भरी बतियन सों रिझावत रहो
धेनु चरावे गोप संग, बन में साँवरो॥

गोकुल छाँडि कन्हाई बसायो वृंदावन गाम
राधा मन मोह लियो वेनु बजाय स्याम
गोवर्धन पर्वत उठायो, भयो गिरिधर नाम
गोप-ग्वालन भए मुदित, पायो सुख धाम॥

चित लुभाय लियो सलोनो वाको रूप
गोपियन संग रास खेलो ऐसों अनूप
जसुमति को लाल भयो द्वारका भूप
भक्तन को दिखायो अपनो ब्रह्म सरूप॥

घनस्याम लीला को कैसे बरनन करौं
हिय सकुचात, लेखनी में रंग भरौं
कान्हा जे भेंट तोरे चरनन धरौं
सँभारो मोको, मोरे सबहिं कष्ट हरौ॥

राघव

कौशल्या-दशरथ नंदन बन मनुज लियो अवतार
विष्णु स्वरूप राम आए तारन यह संसार
नवमी पर जन्म भयो, अवध में हर्ष अपार
नगरवासी धन्य भए लख नन्हें चार कुमार॥

वशिष्ठ मुनि के गुरुकुल में बढ़न लगे कुमार
ज्ञानार्जन, शस्त्र-विद्या, पायो राज्योचित संस्कार
विश्वामित्र संग बन-बन भटक, कियो दैत्य संहार
ऋषि के आदेश सों पहुँचे राजा जनक के द्वार॥

स्वयंवर को भयो भव्य आयोजन, जामे नृप आए वीर
जनक दुलारी सिया दरस हेतु, भए सबहिं अधीर
शिवजी को धनुष न कोऊ उठाए, जनक मन भीर
प्रत्यंचा दए चढ़ाए, धनुष टंकारे, विजयी भए रघुवीर॥

पितु आज्ञा सों गए बनवास सिय, लखन, रघुराई
रावण कियो सिया हरण, विपदा निकट बुलाई
बन-बन फिरत राघव लई वानर सेना जुटाई
हनुमान सों भक्त पायो, जा ने लंक जराई॥

रावण संहारे, अवध पधारे सिय अरु दोऊ भाई
प्रजा भई मगन, मंगल गावत, दीपावली मनाई
प्रजा हित में सिय बन भेज्यो, हिय पीर समाई
मर्यादा पुरुषोत्तम कहाए, जन की देखी भलाई॥

जन-जन के कष्ट हरे, कियो मानव उद्धार
जात-पाँत को भेद मिटायो, प्रजा भई सुखी अपार
रामराज्य ही सब जन मान्यो सुखी जगत आधार
प्रभु राम की सदा ही करौं मैं जय-जयकार॥

मर्मज्ञ

गुरु की महिमा

विचारों को दे आकार, स्वप्नों को करे साकार
धैर्य और संबल से पंखों का बढ़ाए विस्तार
दुष्कर पथ की बाधाओं के कंटक जो चुने अपार
उस प्रकाश स्तंभ से ही ज्योतिर्मय यह संसार॥

कर्त्तव्यपरायणता व निष्ठा व्यक्तित्व में निहित
श्रद्धा और प्रेम से कर्मभूमि को समर्पित
तितिक्षा से मार्ग दिखाए, उन्हें जो दिग्भ्रमित
तिमिर हर, ज्ञान का दीप करे प्रज्वलित॥

यश, कीर्ति, प्रसिद्धि का जिसे न लोभ
पराजय का न हो तनिक भी क्षोभ
साधना में लक्ष्य की, स्वयं को करे होम
विद्या के अर्जन की सीमा हो व्योम॥

महिमावान, विद्वत्ता की गरिमा से शोभित
गढ़ता जो अनुभव से मानव विशिष्ट
निष्पक्ष स्नेह से करता सिंचित
गुरु का प्रताप है सभी को विदित॥

स्मरण करें, नमन करें, महत्त्व करें स्वीकार
इस अप्रतिम मानव का उपकार अपरम्पार
शिक्षक से हो संस्कृति का परिष्कार
गुरु ही इस जगत के स्तम्भ व आधार॥

नमामि गुरु चरणम्

माँ शारदा का अद्वितीय उपहार
विद्या से ज्योतित समग्र संसार
नृत्य, गीत, कला का भंडार
अर्जन इनका दे व्यक्तित्व सँवार॥

गुरु बने सरस्वती का स्वर
तिमिर अज्ञान का लेते हर
ऊसर भूमि बना दें उर्वर
दें ज्ञान, करें बुद्धि प्रखर॥

ध्येय शिक्षक का जन उद्धार
कुरीतियों, अंधविश्वासों पर करें प्रहार
गढ़े संस्कार, करें सुदृढ़ आधार
स्वप्नों को दें नूतन आकार॥

युगान्तर ले आए जिनके विचार
नैतिकता, कर्तव्य, सुनीति का आचार
करें प्रकट आज उनका आभार
गुरु को नमन, वंदन बारंबार॥

निसर्ग

निर्झर

अनवरत बहते निर्झर के संग
बह जाते रेणु और शिलाखंड
निश्शंक प्रवाह को क्या वे
रोकने में होते सक्षम?

अविरल झरते जल-प्रपात में
प्रकृति के मनोरम रंग
झंझावात के आने से
ले लेता वह रूप प्रचंड॥

वेग से करता गर्जन
नीरव वन करता विचरण
बढ़ने पर न कोई बंधन
भ्रमण करता वह स्व्छन्द॥

तरंगिनी मिलन की अभिलाषा
देती बहने की जिजीविषा
यह चपलता, यह तत्परता
आनंद, उमंग, उन्मुक्तता
विकलता बन जाती निर्मलता
विलीन हो जब संप्रभुता॥

प्रकृति का श्रृंगार

रक्तिम आभा से दमकता पलाश
किसलय के स्पर्श से झूमता अमलतास
झरते हरसिंगार का मधुरिम सुवास
बसंती कनेर बिखेरता उल्लास॥

मधुमालती का खिलता रूप
रजनीगंधा की सुरभि अपूर्व
स्वर्णिम, छनती, सिहरती धूप
रूप गर्विता प्रकृति का स्वरूप॥

खिलती कोंपल तरुवर पर
कुहुकती कोयल का मधुर स्वर
आम्र वृक्षों का बौर निखर
अनुरक्त जैसे अवनि पर
सर्वस्व त्यागने को तत्पर॥

पवन के स्पर्श से बिखरा गुलाल

खिल गए रंग शोभित हर डाल

अप्रतिम सौंदर्य की जयमाल

अवनि का जिससे दमका भाल

अवर्णनीय, अद्भुत यह निसर्ग विशाल॥

जीवन का आधार-वृक्ष

चिरंतन काल से खड़ा सुदीर्घ
अजेय, अदम्य, विटप विशाल
सुदृढ़, अविचल, धीर-गंभीर
आश्रय देता उसका विस्तार॥

किल्लोल करते थे विहग
अठखेलियाँ करती थी बयार
सुरम्य, चारु, चंदवा सुभग
कलरव का मधुर गुंजार॥

आह्लाद देता अस्तित्व सहृदय
पर्ण, कोंपल झूमते एक लय
फल का सदा रहता बाहुल्य
हरित आवृत उसका अतिप्रिय॥

इमली का वह वृक्ष गर्वीला
पल्लवों से अलंकृत सजीला
दानवीर कर्ण सा था सदय
धरा का अवयव बना असमय॥

रूपांतर हुआ क्षण भर में
यवनिका खुले ज्यों प्रहसन में
अनभिज्ञ थे उसके अनुगृह से
वंचित हुए छाँव शीतल से॥

रही न वह अमूल्य सम्पदा
ईश्वर का अद्वितीय उपहार
स्मृतियों में बसा रहेगा सदा
सुख था दिया जिसने अपार॥

सृजन

चंपा में उलझी कसमसाती हवा
कंपित पुष्प गुच्छों की बेल
प्रौढ़ नीम को छू जाती पुरवा
नींबू के हिंडोले पर गौरैया करे खेल॥

संझा की गहराने लगी छाँव
कूजते पक्षी चले अपनी ठाँव
तिमिर ने बसा लिया है गाँव
अंबर ने भी फैलाए पाँव॥

मंद गति शीतल, शांत बयार
मत्त सी होने लगी अपार
पंखों का बढ़ाया विस्तार
आवेश का रूप हुआ साकार॥

सखी दामिनी चली आई संग
बदली सुनाने लगी कोई प्रसंग
झूमी वर्षा भर मन में उमंग
निखिल का परिवर्तित हो गया रंग॥

गीत, नृत्य का वैभव दिव्य
तत्वों में कभी है संग्राम
अद्भुत प्रकृति में समन्वय
सृष्टा का सृजन है अभिराम॥

आनंदोत्सव

स्वरों में मल्हार के मुक्तक
रिमझिम के सुरों से अलंकृत
श्यामल मेघों ने छेड़ी रूपक
वर्षा का सरगम बहे उन्मुक्त॥

पुलकित धरा को प्रेमोपहार
ऋतु ने किया नख-शिख श्रृंगार
सुरभित, कुसुमित, अदभुत संसार
प्रकृति में आया अनुपम निखार॥

तूलिका देती दृश्यों को रंग
मधुर रागों से सज जाते छंद
शीतल मलय भर दे उमंग
ईश्वर का सृजन देता आनंद॥

सृष्टि

नभ में अरुणिमा का प्रसार
क्षितिज सुनहला, वृहत विस्तार
प्रकृति ने धारे नव्य अलंकार
वसंत ने दिया रूप सँवार॥

प्रातः के नित्य रूप अभिनव
कूजते, कुहुकते पंछियों का कलरव
अर्चना के बहें स्वर अनुपम
भोर की पुरवा में घुलता सरगम॥

पुलकित, चंचल, किलकते बाल
गौओं को ले जाते पशुपाल
सुकोमल नार भरे गागर ताल
खेतिहरों ने लिए हल सँभाल॥

प्रहर चढ़ा, हुआ तप्त मलय
दिवाकर का रूप अति तेजोमय
पथिक सोए अमराई की छाँव
निश्चल, शांत, शिथिल हुआ गाँव॥

प्रतीची की ओर बढ़े विवस्वान
संध्या ने किया निशा का आह्वान
तारों और मृगांक का रुपहला वितान
निरख उन्हें अंबर को हो अभिमान॥

सृजन सृष्टा का है विलक्षण
हो उल्लसित जिसे देख मन
अपूर्व सौंदर्य निहित हर कण
अनिंद्य रचनाकार को करें नमन॥

पुरवा

स्वर्णिम आलोक से मण्डित तरुवर
रश्मियों ने सँवारा अनुराग से भर
प्रशस्ति गा उठे चारण पखेरू सस्वर
चपला पुरवा गई क्षण को ठहर॥

पुरवा ने कोंपल से की फिर ठिठोली
लगी खेलने लतिका से आँख-मिचौली
कौतुक से भर ज्यों कोकिला बोली
गुलमोहर ने धरा पर बिखरा दी रोली॥

दृश्य अपूर्व लगे सराहने मेघ
चंचल पुरवा ने बढ़ाया वेग
घन घर्षण कर उठे भर आवेश
अतिथि बन पहुँचे गिरिराज के देश॥

नटखट पुरवा बढ़ी सागर की ओर
त्वरित गति भागी पकड़ने को छोर
लहरों से मिल हुई भाव -विभोर
अर्णव का हृदय भी ले हिलोर॥

निश्शंक, अबाधित बहती यह पुरवा
स्वतंत्र, उन्मुक्त अस्तित्व जिसका
इस अल्हड़ की न किसी से उपमा
साम्राज्य विस्तृत व्योम से वसुधा॥

सूर्य वंदना

रश्मिरथी के तुरंग आए अंबर के द्वार

तारों की चुनर ओढ़ निशा गई चौखट पार

लज्जा से आरक्त ऊषा आई करने सत्कार

पंछियों की स्वस्ति से गूँज उठा समग्र संसार॥

नील नभ ने उतारा दिवाकर को प्रांगण

शुभ्र मेघों पर जिन्होंने आसन किया ग्रहण

सुरभित, शीतल बयार ने पखारे उनके चरण

प्रकृति ने सजाए हर ओर हरित तोरण॥

पथ में खिली दूर्वा सुकोमल

झूमी तरुवर पर प्रत्येक कोंपल

भेंट अंजुरी भरे कनेर, गुलमोहर

भ्रमर कर रहे गुंजार मनोहर॥

खिलखिलाई अरहर, महकी सरसों पीली

लहराई गेहूँ की बालें छबीली

कुनमुनाई धूप से अलसी लजीली

मुस्कुराई सज रूपसी धरा गर्वीली॥

प्रभात, संध्या, रजनी जिनके उपहार
संपूर्ण विश्व के जो आधार
उन सूर्य देव को अर्पण साभार
नमन, वंदन, कोटि-कोटि नमस्कार॥

पूर्णिमा की विभावरी

रुपहली चाँदनी का आँचल उज्ज्वल

सितारों से मंडित ओढ़नी धवल

मृगांक ने दिया उपहार नवल

निरख जिसे विभावरी हुई विह्वल॥

हर्षातिरेक से नयन हुए सजल

ओस बन गए अश्रु निर्मल

मुक्तक सम दमक रहे भूतल

स्पर्श से जिनके दूर्वा शीतल॥

चाँदनी ने पुरवा को लिया पुकार

चली सखियाँ करने धरा पर विहार

तटिनी कूल पर पुष्पों का संसार

किरणों ने दुलराया स्नेह से अपार॥

कल-कल बहे सरिता का जल

चंद्रिका रुक निहारे प्रतिबिंब कुछ पल

करे गुपचुप बतियाँ सखी पुरवा चपल

सुन प्रमुदित गिरि, वन, कुमुदिनी, कमल॥

मेघों की ओट से झाँकते तारागण
लुका-छिपी खेलते नभ के प्रांगण
कौतुक से भर निशापति करें भ्रमण
चकोर की प्रशस्ति से गुंजित वातावरण॥

निशिगंधा से सुरभित हुई यामिनी
पुलकित सुने प्रकृति की रागिनी
देख अंबर की छटा मोहिनी
बन गई विधु की संगिनी॥

सुन भोर के स्वरों का गुंजन
चंद्र, रजनी, तारों ने किया गमन
निशि-वासर का अलौकिक है सृजन
सर्वज्ञ की मनोरम सृष्टि को नमन॥

उन्मुक्त पखेरू

पंछियों का कलरव ज्यों भोर के खनकते कंगन
चारण पखेरू समवेत स्वर में करें स्वस्ति वंदन
कुहुकती कोयल, पपीहा बोले पीहू, किल्लोल करे खंजन
खग-विहग की प्रशस्ति चुराती निशा का अंजन॥

चहकते, कूजते, करते नभ में विचरण
तरुवर पर नीड़ सुंदर, इनकी शरण
तिनका तिनका बुन, करते परिश्रम प्रतिक्षण
स्वावलंबन का इनके करें हम अनुसरण॥

है साम्राज्य जिनका, अंबर का विस्तार,
स्वतंत्रता के सिद्धांत का करते प्रचार
निस्सीम उड़ान पर है सबका अधिकार
दें शिक्षा, विश्वास से स्वप्न साकार॥

निश्चिंत, स्वच्छंद, इनका साथी पवन
सुमधुर गीत लेते मोह मन
गति पर ही करते मनन
पंछियों का है अनुकरणीय जीवन॥

तुम्हारा इंतज़ार है

कई बरस पहले,
जब मैंने तुम्हें देखा था पहली बार
वो एक झलक, तुम्हारी वह खुशबू
आज भी है याद मुझे
मेरी हथेलियों पर तुम्हारी छुअन,
तुम्हारा शांत, सुंदर रूप
पल भर में ही हो गया था मुझे प्यार
सहेज लिया था दिल में मैंने,
अपने तुम्हें, उस एक बार
पर पता नहीं क्यों उस दिन के बाद
तुम्हारा नहीं हुआ कभी मुझे दीदार॥

हम मिल नहीं सके दोबारा
मिलते भी कैसे?
तुम जहाँ थे, वहाँ मैं पराई थी
कुछ खुशनुमा यादें तुम्हारी
ज़रूर समेट लाई थी॥

बस वही थी शायद हमारी आखिरी मुलाकात
तुम्हारा नाम ले कर ढले अल्फाज़ों में जज़्बात
तुम्हारे बारे में पढ़ा कई किताबों में
आखिर तुम थे मशहूर, गए किस्सों में सुने
कितने ही फ़साने तुम्हारे गिर्द गए थे बुने
कितनों ने तुम्हें ख्वाबों में था सजाया
और पता नहीं कितनों ने तुम्हें नज़्मों में पाया॥

और फिर एक दिन कोई तुम्हें ले आया मेरे घर
मेरी याद तुम्हें आ ही गई आखिर
पर, तुम्हारा रंग-रूप बदल गया था
मुझे कहा गया
मौसम के साथ तुम भी बदल जाओगे
आज भी उसी रूप का तुम्हारे,
मैं कर रही हूं इंतज़ार......
मेरे हरसिंगार.......
कब झरोगे तुम मेरे आँगन में पहली बार?
कब मैं दोबारा होऊँगी रूबरू
तुम्हारी खुशबू से
आ जाओ कि कोयल भी गा रही है गीत
ओ पारिजात, ओ हरसिंगार
आओ कि तुम से जुड़ी मेरी प्रीत॥

जब महकोगे मेरे दर पर तुम,

यादों के लश्कर में थे जो गुम

वह सभी एहसास ताज़ा हो जाएँगे

तुम खिलोगे अंगना तो हम मुस्कुराएँगे

तुम खिलोगे अंगना तो हम मुस्कुराएँगे॥

वनिता

नारी

अपेक्षाएँ, ताड़नाएँ, उपेक्षाएँ, यातनाएँ
उसे, जो करे सबके लिए मंगल कामनाएँ
परन्तु जिसके जीवन में हैं विषमताएँ
प्रसन्नता की जिसकी हैं कम संभावनाएँ
होती क्यों नहीं उसकी उपासनाएँ?

पृथ्वी की भाँति सशक्त है जो
वहन कर सकती है कुछ भी तो
मार्ग उन्नति का प्रशस्त करती वो
प्रगति में काँटे क्यों मिलें उसको?

क्या कभी अवनि करती विरोध?
कि किसी को भी नहीं है बोध
अधिक भार वह ले न पाएगी
परन्तु प्रकृति को सर्वस्व देती जायेगी
अपनी अवनति पर कैसे करे क्षोभ
जब मानवता ही हो रही दुर्बोध॥

कितनी व्यथा, कितनी पीड़ा, कितने उपालंभ सहेगी?
कितनी कुंठाओं से त्रस्त रहेगी?
मुक्त हो इन सबसे वह कैसे?
धरित्री की तरह सहे वह ऐसे
विचलित होती न कठिनाई से,
निस्पृह हो जीवन से जैसे॥

क्यों नहीं उसके संबल बनते?
चुप रहकर मौन उसका सुनते?
मृदु वाणी के ओज को गुनते
जीवन में शक्ति उसकी बनते
स्वर्णिम क्षण उसको हम देते
सुखद संसार एक निर्मित करते॥

स्त्री

धीमे से मुस्कुराती, गुनगुनाती, पर खिलखिलाती नहीं
गुमसुम, गुपचुप सुनती रहती, पर जताती नहीं
सुगबुगाती, तरसती, पर दर्शाती नहीं
सहमती, तड़पती, पर आवाज़ उठाती नहीं
अपनी ही रची प्रकृति में, व्यक्तित्व अपना बना सकती नहीं॥

कौन है उसकी मुखरता का चोर?
वह जो है माँ, पुत्री, बहन, पुत्रवधु?
या फिर वह, जिसने संबंधों की जी न हो डोर
समझा न हो पति का प्रेम पत्नी की ओर
क्यों मचाएँ वे यह आलोचनाओं का शोर
और करें विश्लेषण व निर्णय कठोर?

कब रखना सीखेगी एक नारी दूसरी का मान?
कि जो मिली न उसे पहचान
क्यों किसी और को न लेने दे वह स्थान
जहाँ कि दम न घुटता हो
स्वर में सबके मधुरता हो
कटुता से जीवन न सिसकता हो॥

जहाँ स्त्री का संसार महकता हो, स्वतंत्र विचारों से
जहाँ वह खिलखिला सकती हो
बात अपनी सुना सकती हो
गृहस्थी को अपनी सजा सकती हो
एक सुखमय अस्तित्व बना सकती हो॥

यदि ऐसा हो, तो वह मुक्त हो कर
उड़ सकेगी, हँस सकेगी, बोल सकेगी
व बनेगी सच्चे अर्थों में, एक अमूल्य 'निधि'॥

स्त्री का मान

मनु के नियमों से रचित संसार
समझ न आएँ जिनके आधार
सहस्रों विचार करें व्यथित अपार
क्यों रहें फिर हम निर्विकार?

स्त्री की स्वाभाविक उन्मुक्तता
स्वयंसिद्धा के गुण, योग्यता
सराही न उसकी विद्वता
मानव जीवन में महत्ता॥

छीन कर उसकी स्वतंत्रता
बना दिया क्यों आश्रिता?
आहत की उसकी कोमलता
समझी न उसकी श्रेष्ठता॥

जागृत हों अन्याय के प्रति
कार्य किंतु यह दुष्कर अति
क्यों रचें हम उसकी नियति?
सृष्टा की वह उत्कृष्ट कृति॥

पहुँचेगी शीर्ष पर प्रगति
स्त्री की यदि हो उन्नति
समाज की वह बने शक्ति
सुख की आभा से निखरती॥

अन्याय का विरोध

यंत्रणाओं, उत्पीड़न से स्त्री को मुक्त कर
विपदाओं को उसकी हर कर
शिक्षा पथ पर करें अग्रसर
तभी सुनाई देंगे परिवर्तन के स्वर॥

अन्याय, दुर्व्यवस्था, अनाचार
अनर्थ, दुर्व्यवहार, अत्याचार
झूठी प्रथाओं पर करें प्रहार
तभी होगा स्त्री उद्धार॥

नूतन सोच, समझ नवीन अपनाएँ
मूल्यों को हम अपने न भुलाएँ
नैतिकता की अपनी जो परंपराएँ
अपना कर उन्हें एक स्वस्थ समाज बनाएँ॥

निष्कलमष को न्याय

प्रज्ज्वलित हुआ है देश
सब ओर आक्रोश, आवेश
क्रूरता का घृणित वेश
जागृत हों, है जनादेश॥

मानवीयता के होम में
समिधा बनी एक दुहिता
ईश्वर की इस सृष्टि के
पतित होने की कथा॥

विचलित, निःशब्द, हृदय विदीर्ण
परिस्थिति के जो हुए अधीन
रहें न वह न्याय-विहीन
प्रणिनाद न हो यह क्षीण
प्रणिनाद न हो यह क्षीण
प्रणिनाद न हो यह क्षीण॥

यह निर्भया काण्ड के समय लिखी थी।

वनिता

शक्ति का स्तंभ है, गुणों की प्रतिमूर्ति साकार

आशा की रश्मि है, सकारात्मकता का अवतार

संस्कारों की अमूल्य निधि, निस्सीम प्रेम का भंडार

खिलखिलाहट है प्रकृति की, शांति का है आधार

देश की सीमा पर, अरि से जूझने को तैयार

अंतरिक्ष तक भरी उड़ान, विजित किया समग्र संसार

हिमालय को लाँघ गई, छुए सफलता के प्रतिमान अपार

आज की नारी है यह, प्राथमिकता फिर भी परिवार॥

जननी

वात्सल्य की वर्षा, ममत्व की बयार
अकारण करे जो लाड़ और मनुहार
स्नेहिल स्पर्श में भरा जिसके दुलार
उस माँ की छाँव में सुख हैं अपार॥

लोरी गाकर था जिसने सुलाया
कहानियों से मेरा बचपन सजाया
सखी बन कर जीवन दर्शन समझाया
माँ ने पंख दे, उड़ना सिखाया॥

गृहस्थी में अपनी भी सुध बिसराई
परिस्थिति हो विषम या कोई कठिनाई
विनम्र व्यवहार से सदा विजय पाई
स्नेहमय स्वभाव की करें सब बड़ाई॥

दिया हमें एक सुखद संसार
किए निर्मित मूल्य व संस्कार
माँ है ईश्वर का अनूठा उपहार
जगत का शक्ति स्तंभ व आधार॥

तनया

ईश्वर की दिव्य कृति छबीली

मोहित कर दे छवि सजीली

भोर की ज्यों किरण गर्वीली

वाणी सरगम सी है सुरीली॥

मधुर बातों का न कोई छोर

कुहुकती, चहकती, कर दे विभोर

हर्षोल्लास ले आए चहुँ ओर

स्नेह से बाँधे, यह ऐसी डोर॥

हँसी से इसकी है जग उजियारा

नृत्य, कला, विद्या से व्यक्तित्व निखारा

संपूर्ण परिवार है इसने सँवारा

प्रेम की अविरल बहती धारा॥

तनया है, एक अनमोल उपहार

गुणों से अपने, दे सुख अपार

सुरभित जिससे यह समग्र संसार

सुदृढ़ समाज का बने आधार॥

अनुराग

अनुभूति यह है एक नवल

आया हरियाली तीज का पर्व अति मनभावन
प्रेम और श्रृंगार से सज उठे सावन
इस दिवस माँ गौरा का करें आराधन
सुख, सौभाग्य, अहिवात का वर पाएँ सुहागन॥

बिंदिया देती रूप सँवार
चूड़ियों, नूपुरों की गुंजार
प्रिय प्रेम देता निखार
परिपूरित हो जाता श्रृंगार॥

रुपहला, सुनहला बने संसार
कोमल मृदु स्वप्न अपार
उल्लास के खनकते तार
प्रेम दे अविरत उपहार॥

अप्रतिम सौंदर्य न आधार
हृदयों में यह ले आकार
मधुर भाव इसके अलंकार
सुख दे प्रिय प्रेम अपरंपार॥

तुम्हारे लिए

मन के एक कोने में, इंद्रधनुष के रंगों की तरह के,

कुछ पल संजो कर रखे हैं मैंने

जिन्हें छू नहीं सकता कोई

पा नहीं सकता कोई

क्योंकि, वह सिर्फ मेरे अपने हैं॥

जब हृदय के व्योम पर बिखरने लगती हैं घटाएँ काली

और उनके पीछे छुप जाती है

सुख की धूप की लाली

तब, वह पल, उस धुंध को चीरते हुए

सूर्य के तुरंगों को धकेलते हुए

उनके पीछे-पीछे चलते हुए,

अपने रंगों की मनोहारी छटा से

दूर कर देते हैं उस मौसम को

मन उमग-उमग उठता है

उन अनमोल भावों को छूकर

जिनका महत्त्व कोई नहीं जानता

क्योंकि, वह सिर्फ मेरे अपने हैं॥

वह पल, वह रंग, उस प्रथम प्रेम की याद
जब कल्पनाओं में पदार्पण किया उसने चुपचाप
और पनप गया उसके स्नेह का अंकुर, बिना हुए ज्ञात॥

मन उत्फुल्ल हो जाता था एक उसके आने से
हृदय का हर कोना था प्रदीप्त उस हर्ष से
उसकी खनकती हँसी और बोली अनुपम
मिटा जाती थी सारा सूनापन॥

वह मधुमय क्षण, वह पुलकित मन
भीनी-भीनी बातों के मनमोहक छंद
कुछ साथ-साथ समय से चुराए पल
उन सब से महक उठता है मन
क्योंकि, वह सिर्फ मेरे अपने हैं॥

स्मृति से ही जिसकी सुवासित रहता है यह मन
उल्लसित कर देती हैं उस मित्रता की यादें पावन
जब दिवस थे स्वप्निल व उर सदा ही प्रसन्न
व्यक्त जिनको कर सकता नहीं, कभी मेरा अंतर्मन
क्योंकि, सुगंधित वह स्वप्न सिर्फ मेरे अपने हैं॥

सुखमय संसार के आधार

सुलक्षणा, मुदिता, प्रसन्न-वदना
धैर्यशील, स्वभाव में हो विनम्रता
सर्वांग-सुंदरी, षोडश कलाओं में निपुणता
मानदंड स्त्री के सृजित समाज है करता॥

मूल्यों को जो करे निर्धारित
उस समाज का किससे अस्तित्व?
नारी-पुरुष का संगठित व्यक्तित्व
स्त्री में क्यों सब गुण अपेक्षित?

पुरुष के लिए क्यों अलग मान्यताएँ?
यदि उसमें न यह क्षमताएँ
तो भी क्षम्य उसकी अयोग्यताएँ
किस कारण से यह असमानताएँ?

जो न समझें स्वयं को नियंता
स्त्री के जीवन में भरें मधुरता
सद्गुणों की आभा से सँवरता
सुखद संसार रचे उनकी विद्वत्ता॥

समाज की हैं यह शोभा
इनके सद्भावों की ही प्रभा
भर दे जीवन में स्निग्धता
विजय हो इनकी सदा सर्वदा॥

जीवन ऊर्जा स्रोत

बूँदों, किरणों से बना इंद्रधनुष
चमकीली धूप में होता विलुप्त
मलय के झकोरे से सिहरकर
गुलमोहर बिछ जाता धरा पर॥

सतरंगी स्वप्न जाते बिखर
कोमल मन आहत होने पर
टूट जाता गीतों का तार
यदि जीवन में दुःस्वप्न अपार॥

तब, तप्त हृदय को शीतलता देता
एक सुखद, मधुरिम क्षण
वह सुकुमार, प्रदीप्त चंद्र
मनोहारी दमकता मुखारविंद
ग्रीवा में डाल बाहु कमल
कर देता अनुराग की वर्षा
मधुरता से जिसकी मन हर्षा॥

पल ही में मुस्कान बिखराता
हृदय की शून्यता भुलाता
जीवन में सतरंग ले आता
स्वप्निल एक संसार सजाता
सुमधुर वाणी में गीत गाता
अनुपम छवि अपनी दर्शाता॥

वह सुंदर, अनिंद्य बालपन
जिसने महकाया मेरा आँगन
नटखट, चपल तनय हमारा
ईश्वर का वरदान प्यारा
सदा हो इस पर स्नेह वृष्टि
सृष्टा का आशीष व दृष्टि॥

अद्भुत बाल्यकाल

निश्छल बालपन, कोमल मन
प्रफुल्ल हृदय, प्रसन्न वदन
उन्मुक्त, उत्सुक जैसे पवन
खिला हुआ एक कमल सुमन॥

भोलेपन, चपलता, हर्ष का समागम
हर बात कर लें उसकी हृदयंगम
अन्यों की तरह न उसमें अहम्
क्रीड़ाएँ करें जीवन पथ सुगम॥

कोई न उसको मद, अभिमान
मर्म हर भाव का ले वह जान
आह्लादित कर देती मुस्कान
दुख का होने दे न भान॥

अद्वितीय उसका चंचल रूप
कान्हा सा मनमोहना अपूर्व
सलोनी छवि लगे कितनी अनूप
बाल क्रीड़ाओं ने किया अभिभूत॥

मेरे जीवनसाथी

हे सखा,
धैर्य, प्रेरणा के स्रोत अविरल
दुष्कर पथ बना देते सरल
परीक्षा नियति ले कोई प्रबल
तितिक्षा, संवेदना से पूर्ण संबल॥

हे मार्गदर्शक,
सफलता के हुए तुम निमित्त
कर्म पथ पर किया अग्रसरित
विवेक, विद्वता निर्णयों में निहित
स्वप्न हुए यथार्थ में परिवर्तित॥

हे प्रियवर,
शान्त, सौम्य, स्नेही व्यक्तित्व
प्रत्येक पल में हो समाहित
प्रणय पथ के अप्रतिम मीत
हृदय, प्राण का तुम्ही से अस्तित्व॥

भाए न मोहे सावन, सखी री

सावन आयो, डारो झूला सखी री

गीत मल्हार' गाएँ बिरज की छोरी

नख से शिख श्रृंगार करो गोरी

आवेंगे कान्हा, तनिक धीर धरो री॥

न भाए मोहे सावन, ये रीत है कोरी

रूठे हैं मोसे घनश्याम, न सुनेंगे कछु मोरी

नंदन-कानन में वेणु पर जो हुई बरजोरी

सुधि न लीन्ही तब से, थी बैंया झकझोरी॥

हिय की पुलक, हास, सब भए चोरी

क्यों सखियों की न सुने बतियाँ थोरी

मेघ, बरखा, बयार, आ करें मनुहार तोरी

साँवरे के आने की आस रखो री॥

सुन मुरली का स्वर, हुई चंचल गोरी

आवत गोपाल के, जुड़ी प्रीत की डोरी

निरख अँखियों में पावस, करें कान्हा चिरौरी

सोहे श्रृंगार, श्यामा-श्याम की बनी जोरी॥

पितृ छाया

वट वृक्ष सी छाँव हर पल
जीवन में दृढ़ता व संबल
सिद्धांतों पर रहे सदा अटल
सत्य के पथ पर चले अविचल॥

शैशव से दिखी एक छवि आदर्श
कर्त्तव्य पूर्ण करते अथक, सहर्ष
यात्रा में किए अनेक संघर्ष
प्रखर बुद्धि, योग्यता से छुआ उत्कर्ष॥

भेंट दिया एक स्वर्णिम संसार
प्रेरणा दी, हों स्वतंत्र विचार
सर्वदा परिवार के सुदृढ़ आधार
कीर्ति, यश, प्रेम मिला अपार॥

दी स्नेह की छाया सघन
ओजस्वी, निर्भीक, प्रसन्न -वदन
रखते सरल बालक सा मन
प्रेरक व्यक्तित्व, आत्मबल धन॥

सगर्व किया उनका अनुकरण
सभी के लिए जो उदाहरण
वर्चस्व जिनका है असाधारण
यह छंद उन पिता को अर्पण॥

परिवार - एक वटवृक्ष

प्रेम, सम्मान हैं सुदृढ़ आधार
विश्वास से स्वप्न जहाँ साकार
मिलता सुख व आनंद अपार
यही तो है मेरा परिवार॥

पिता का अनुशासन, माँ का प्यार
नानी-दादी की छत्रछाया और दुलार
भाई-बहन संग की ठिठोली मनुहार
भाभी, बहनोई से सजा स्नेहिल संसार॥

सात फेरों से बँधी नई डोर
प्रियतम के आँगन की स्वर्णिम भोर
सासु माँ के लाड़ में सराबोर
ननदों के प्रेम का न कोई छोर॥

नवीन पीढ़ी ले रही आकार
परिवार ही ने सिखाया शिष्टाचार
परंपराओं और संस्कृति का दिया उपहार
निर्मित किए गुण और संस्कार॥

परिवार ही हैं हमारा अभिमान

सदा ही इनसे मिलता ज्ञान

सृष्टि में इनका सर्वोच्च स्थान

प्रभु कृपा रहे इसी समान॥

प्यारा बचपन

लाड़-दुलार में पगा हुआ
निश्चिंत, निश्छल, मस्ती भरा
खिलखिलाता, गुनगुनाता मधुबन सा
कितना सुहाना बचपन था॥

बेफ़िक्री के दिन बड़े ही प्यारे
सपनों भरे दिन-रात हमारे
खो-खो, कबड्डी, छुपन-छुपाई खेल न्यारे
गुड़िया का ब्याह रचाते संगी सारे॥

दोस्तों से होती खट्टी-मीठी तकरार
अंताक्षरी में कभी मानते न हार
विद्यालय में मिल-जुल खाते पूरी-अचार
गर्मियों की छुट्टियों में हुड़दंग अपार॥

उल्लास, उमंगों भरा वह जीवन
मिलता सभी से था अपनापन
बँटे न थे रिश्ते, न कोई अनबन
काश! दोबारा जी लूँ वह बचपन॥

वेदना

अंततः

दिग्भ्रमित, उद्वेलित, कटुता से सिक्त
प्रेम व संवेदना से हृदय है रिक्त
प्रतिबिम्ब ये समाज के कुछ व्यक्तित्व
बीतते दिन जिनके उद्देश्य रहित॥

विधि के दंड से उन्हें न क्षोभ
जिसने किया व्यक्त अपना क्रोध
शोक, संताप का स्थान ले लोभ
त्रासित जीवन का अभी न बोध॥

स्वयं ने ही बनाये आधार
मिलें अपकीर्ति व तिरस्कार
अवहेलना, निरादर हो अपार
अभिशप्त जीवन के उपहार॥

कृत्रिमता के धरातल पर
रोपित संबंधों के बीज
जिन्हें आदर, स्नेह, मोह की
मधुरता न पाई सींच॥

प्रपंच, वंचना, झूठा अभिमान
क्या होता इनसे सम्मान?
असत्य, अनादर व अज्ञान
क्या बना कोई इनसे महान?

विचलित मन अस्थिर जीवन
रह गया मात्र एक दुःस्वप्न
स्वयं ने ही लिखे यह क्षण
प्रारब्ध ने दिखलाया दर्पण॥

दंश

व्यथित, व्याकुल है अंतर्मन
अपमानों का चुभता है दंश
अपनों का देख रूप छद्म
हृदय में मचा है अंतर्द्वंद्व॥

अनावृत हुआ छल और द्वेष
प्रेम, सम्मान कुछ रहा न शेष
बदला जिन्होंने अपना वेष
उन्हीं की देन यह पीड़ा निःशेष॥

शून्य, संवादहीन, शिथिल सा मन
जीवन में गए एकाकी बन
नीरवता का रूप सघन
सुगम पथ बना है जटिल वन॥

प्रश्न चिन्ह है संबंधों पर
उत्तर जिनके असह्य से स्वर
आत्मरक्षा को जो हैं तत्पर
विश्वास की डोर न बँधे टूटकर॥

अपमानों का चुभता है दंश
रहेगा क्या यह जीवन पर्यंत?
इस पथ पर कुछ रुककर हम
निरुत्तरित पीड़ा कर पाएंगे कम?

चक्रवात

उलझते, बिखरते विचारों का क्रम
अश्रुओं से भीगे नैना हैं नम
जिया जो हमने, वह था एक भ्रम
तथाकथित स्नेह से छले गए हम॥

निस्सीम प्रेम का क्षितिज समझ
हो गई त्रुटि एक अति भारी
सम्मान जिसे दिया था सहज
उस वंचना को कहते नारी॥

चक्रवात से उठते हैं मन में
मनोभावों को न है विराम
मंथन शांत यह कैसे करके
शीतलता मरु को करें प्रदान?

मंथन-शान्त

उद्विग्न विचारों का अस्तित्व
झंझा से न कोई अवगत
परितप्त हृदय न करे अभिव्यक्त
शुष्क, दग्ध है सर्वस्व॥

परिस्तिथिति से हुए पराजित
बने सभी प्रेक्षक, अप्रभावित
तिरस्कार योग्य जो व्यक्तित्व
उससे नहीं कोई अनभिज्ञ॥

संयत सुहृद का किया आह्वान
विवेक पर जिसके अभिमान
मर्म हृदय का जिसने पहचान
शांत किया मंथन गतिमान॥

जीवन रूपी प्रहसन के
प्रसंग हो जाते अभिराम
स्नेही यदि ऐसे सबके
हर्ष, माधुर्य बिखरें अविराम॥

संघर्ष से स्वाभिमान तक

शब्द, गान विलुप्त हुए, मौन था अबाधित
अव्यक्त, अछूता व्यक्तित्व, दिवस रात्र संवाद रहित
मुखर, चपल वर्चस्व हो गया पराजित
अंतःकरण में अंतर्द्वंद, विकलता समाहित॥

रंगमंच पर अभिनीत ज्यों हर पल
अनुभव दुख-सुख के आए वेष बदल
अवलंबन से कुंठा हुई प्रबल
अवहेलित, तृषित नयन सदा सजल॥

निश्छल मन की पुलक थी कहीं खोई
व्यथाओं से शिथिल मन हुआ निर्मोही
उल्लास, उमंग की जो सृष्टि संजोई
उस पथ से भटक गया बटोही॥

प्रतिभा ने आशा का खोल दिया द्वार
प्रज्वलित ज्ञानदीप से कल्पना हो उठी साकार
सार्थक हो गए स्वप्न, विचार ले रहे आकार
साधना में लक्ष्य की कृपा रखें प्रभु अपार॥

सत्य के प्रवक्ता

समाज के कुछ सम्मानित जन
देते सत्य पर प्रवचन
अन्यों का करते विश्लेषण
अधिवक्ता यह सच के बन॥

श्रेष्ठ सबसे, करें सिद्ध हर क्षण
सबके कर्मों का अवलोकन
व्यवहारों का करें अध्ययन
निंदा, टिपण्णी कर हों प्रसन्न॥

मत अपना दें तत्क्षण
सत्य के जैसे हों अवतरण
इनका करे न जो अनुमोदन
चरित्र का उसके कर दें हनन॥

प्राप्त क्या होता इन सबसे?
समय का दुरूपयोग करें ऐसे
स्वयं में अवगुण दिखें न कैसे?
निर्णायक बनें क्यों सृष्टा जैसे?

निंदक, आलोचक, झूठे प्रशंसक
इनका भी है एक समीक्षक
सर्व गुण संपन्न हैं वही तो एक
निष्पक्ष न्याय करे जिनका विवेक

पर्व

दीपोत्सव

रावण का दर्प चूर कर, किया उसका संहार
असुरों के दमन को हुआ श्री राम का अवतार
विभीषण को लंका नरेश प्रभु ने किया स्वीकार
इस विजय से था जन में हर्ष अपार॥

अयोध्या पुरी अपने नृप का कर रही थी आह्वान
सिय, लखन सहित राम ने गृह को किया प्रयाण
शशांक ने परिक्रमा की प्रारंभ, प्रभु को कर प्रणाम
मृदु हास से प्रभु ने निरखा सुनहला, विस्तृत वितान॥

रघुराई के दर्शन हेतु सभी के उत्सुक नयन
नगर निवासी स्वागत-सज्जा पर करते नित मनन
मंगल गीत नवीन रचते सकल जन प्रसन्न-वदन
परिवर्तित पाख से किंतु तिमिर होने लगा सघन॥

अमावस रात्रि, गहन तम में पधारेंगे राघव किसी क्षण
प्रजा ने सर्वसम्मति से किया यह अनूठा प्रण
दीपों की अवलियों से करें ज्योतित हर प्रांगण
असंख्य दीपकों के प्रकाश से हो नगरी का अलंकरण॥

शुभारंभ दीपोत्सव की प्रथा का था मनभावन
मनाते उत्साह से प्रतिवर्ष, ज्योतिर्मय हर आँगन
हर्षोल्लास का प्रतीक है पर्व यह पावन
आलोकित हर अंतस, हो प्रदीप्त सभी आनन॥

मूल संस्कृति का हैं हमारे त्योहार
पूर्वजों की विरासत, एक अनूठा उपहार
संबंधों में माधुर्य यह भर दें अपार
इस अमूल्य धरोहर ने बाँध रखा समग्र संसार॥

दीपावली का पर्व

अलंकृत हुई थी अयोध्या विशेष
नगरी का बदला हुआ था वेष
आया था यह शुभ संदेश
प्रभु पधार रहे थे देश॥

सज्जित दीपों से हर प्रांगण
ज्योतिर्मय था वातावरण
रावण, किया जिसने सिया हरण
वध करने उसका, हुआ श्रीराम अवतरण॥

दीपों की अवलियों का प्रकाश
बिखेरता आनंद और उल्लास
अमावस्या की रात्रि धरा पर
तारों संग उतर आता आकाश॥

मधुर, मिठास भरा यह पर्व
छटा अनूठी, मनोरम, सुंदर
अद्वितीय प्रकाश का यह उत्सव
उत्साह उमंग हों हृदय में हर॥

करें न जलवायु को दूषित
इस दिव्य, पवित्र अवसर पर
हर मुख पर मुस्कान हो शोभित
प्रसन्नता भरे हों सभी के स्वर॥

दीपमालिका महोत्सव

हुए दीप प्रज्वलित ज्यों संझा गहराई

अवधपुरी में गुंजित मंगल गीत, बधाई

संपूर्ण नगरी हुई अलंकृत प्रजा हर्षाई

उत्सुक पंथ निहारे, कब आएँगे रघुराई॥

मर्यादा पुरुषोत्तम ने था किया रावण संहार

पूर्ण किया था कर्त्तव्य ले मनुज अवतार

मुक्त हुईं थीं सीता, प्रमुदित सभी अपार

ऋषि और देवलोक, कर उठे स्तवन अपरंपार॥

गृह जब पधारे सिया राम लखन

उल्लास हिय में, थे सजल नयन

पुरवासी दर्शन कर हो रहे मगन

आलोक से तिरोहित हुआ तिमिर सघन॥

स्मृति उस दिवस की पावन

प्रथा बन गई एक मनभावन

श्री-गणेश का हो आराधन

ज्योतिर्मय दीपकों से हर आँगन॥

उमंग और उत्साह भरा यह त्योहार
करे ज्योतित जीवन, हो सुखमय संसार
मिठास और माधुर्य हर लें विकार
बढ़े प्रेम, रामराज्य हो जाए साकार॥

होरी गीत

गावो मधुर फाग कि आज है होरी

डार अबीर गुलाल धरती रंगो री

प्रेम रस से भीजो ए गोरी

सैंया फिर ला देंगे चुनर कोरी

चंद्रकला में भर दे मिठास तोरी

सखियों संग आज बनत बरजोरी

संगियों की सुनो न कोई चिरौरी

इंद्रधनुषी रंग समेट लो झोरी

पुलक अनूठी मन में भरो री

गावो मधुर फाग कि आज है होरी॥

खेलूँ साँवरे संग होरी

राधे संग खेलत कान्हा होरी
सुनत न बतियाँ, करत बरजोरी
रंग डारो गात, बहियाँ झकझोरी
राधा की भीजे चुनर कोरी॥

हँसत राधिका जू अबीर उड़ावे
सलोनो स्याम ऐसो मन भावे
वाको हिय बसाए फाग सुनावे
भर गागर प्रेम रस बरसावे॥

बिरज की कुंज-गलिन भईं पीली लाल
गोप-ग्वालन लगावें एक दूजन गुलाल
धावत, पकरि, मुख रंग डारे गोपाल
बेनु बिसरा दए, बसंत मनावे नंदलाल॥

लखि बाबा-मैया रंग लगावें
निरखि कन्हाई जो बलि जावें
झोरी भर-भर असीस लुटावें
उछाह सों ब्रजवासिन फाग मनावें॥

बिरज को रंगरसिया

''ए री सखी चलो फाग मनावें
रंग-गुलाल भरि-भरि उड़ावें
आवे कन्हाई तो झटपट धावें
गोप-ग्वालन मिल होरी गावें''॥

पिचकारी भरि स्याम, सुनत सब बतियाँ
हँसत भिजो दईं राधा अरु सखियाँ
चौंकि उठीं सबहिं, मलत गात अँखियाँ
राधे उठावत अबीर, कान्हा पकरि लई बहियाँ॥

गोपिन, राधिका करत कानूरा सों मनुहार
''हैं कोमल अति, बिरज की नार
दुखत, सिहरत अंग ज्यों परत फुहार
डारो नहिं रंग नटवर, करो उपकार''॥

भए मुदित कान्हा, सुन गोपियन चिरौरी
राधिके मंद-मंद मुस्कावत, पकरि लई चोरी
''मन भावे फागुन, न सुनूँ कछु तोरी''
मगन हो बिरज में खेलत सब होरी॥

स्नेह की डोर

उत्सवों की छटा से सोहे श्रावण
मनाएँ रक्षाबंधन का पर्व अति पावन
स्नेह-सिक्त संबंधों की डोर मनभावन
प्रेम और उल्लास से गुंजित प्रांगण॥

एक राजा ने रखा उसकी राखी का मान
रानी कर्णावती ने जिसे भाई का दिया स्थान
परंपरा यह अब तक निभाते अग्रज, अनुज समान
बहनों को रक्षा सूत्र पर सदा रहे अभिमान॥

भाई-बहन के संबंध में अप्रतिम दुलार
ईश्वर ने भरे इसमें रंग अपरंपार
खट्टी-मीठी नोकझोंक और मनुहार
ठिठोली, शरारत, मित्रता से सँवरता परिवार॥

सुख-समृद्धि का सदा लगा रहे अंबार
स्नेह और सौहार्द्र का मिलता रहे उपहार
यही प्रार्थना भाई-बहन करें बारंबार
मंगलकामनाओं भरा मनाते रहें यह त्यौहार॥

उत्तरायण पर्व

मकर संक्रांति की हो जब भोर

विवस्वान अश्वों की मोड़ लें डोर

दक्षिण से बढ़ें उत्तर की ओर

स्वर्ण रश्मियों से आलोकित हर छोर॥

इसी दिवस हुईं माँ गंगा अवतरित

भारत भूमि पर लाईं क्रांति हरित

इस ऋतु पर्व में विशेष गुण समाहित

दे उत्तम स्वास्थ्य, करे सबका हित॥

संक्रांत पर उड़ाई पतंग भ्राताओं संग श्रीराम

जा पहुंची थी जो इंद्र के धाम

हुई प्रथा यह प्रारंभ हर नगर, हर ग्राम

पतंगोत्सव हुआ तब से इस पर्व का नाम॥

भारत के सभी प्रांत यह उत्सव हैं मनाते

लोहड़ी, बिहू, पोंगल नामों से भी हैं बुलाते

तिल, गुड़, गज़क, रेवड़ी मिल-जुल खाते

स्नान-दान, धर्म-कर्म से पुण्य कमाते॥

पर्व हमारे हैं संस्कृति का उपहार
हर्ष और आनंद यह लाते अपार
विभिन्नता में एकता का उदाहरण साकार
बढ़ाते सद्भाव, हैं प्रेम का आधार॥

प्रेरणा

माँ भारती

स्वतंत्र देश का संगठित रूप
स्वर्णिम क्षण, वह पल अद्भुत
साकार स्वप्न ने किया अभिभूत
उल्लास, उत्साह, उमंग अनूप॥

पावन कितना वह अरुणोदय
सम्पूर्ण वातावरण ज्योतिर्मय
प्रफ्फुलित थे सभी हृदय
उन्मुक्त, सुरभित था मलय॥

बंधनों से हुए थे मुक्त
स्वाधीनता का पिया अमृत
गर्व से आनन प्रदीप्त
माँ भारती को भेंट समर्पित॥

इस माँ का अभिनन्दन, वंदन
सहस्रों बार करें इसे नमन
अलौकिक रूप इसका मनभावन
धन-धान्य का सदा हो वर्धन॥

रचना का सृजन

भावों का प्रतिबिंब, दर्पण
स्वप्नों का है उद्गम
स्वर्णिम कल्पना के क्षण
कृति है इनका संगम॥

आच्छादित हों नेह के घन
कचनार सा खिला हो मन
अश्रुपूरित हों यदि नयन
आँचल में ढलते मोती बन॥

पुलक की बहती हो बयार
उमंग के भ्रमर का गुंजार
कृष्ण-राधा की मनुहार
वेणु के सुरों का श्रृंगार॥

कविता के यह उद्भव स्रोत
रचे मोहक छंद संसार
मुखरित हो शब्दों का ओज
नव्य-नूतन मिलें उपहार॥

जीवन मंत्र

कंटकों के सान्निध्य में प्रमुदित गुलाब सलज्ज

पंक में उत्पन्न हो सुरभित होता जलज

असाध्य कार्य, दुर्गम मार्ग, बनें सहज

कठिनाइयों को यदि अवसर लें समझ॥

दे अर्थ संघर्ष, जीवन को

बनी न राह, निष्कंटक जो

जूझ परिस्थितियों से, विजयी हो

निखरे अग्नि में कंचन सो॥

छाँह में तरु न होते पुष्पित

धूप में खिल, दें आवरण हरित

विघ्न-बाधाओं से रहें अपराजित

अथक प्रयास करें जो नित॥

दुष्कर पथ पर बढ़ें अनवरत

कर्मठता, श्रम, का लें व्रत

हों निष्ठावान, रहें कर्त्तव्यरत

सफलता मिले उन्हीं को सतत॥

प्रणमामि माँ भारती

शुभ्र हिमाद्रि का गर्वोन्नत भाल अचल
चरण पखारे विशाल सिंधु जल निर्मल
नैसर्गिक सुषमा के मनोरम रूप नवल
माँ भारती की यशोगाथा चले अविरल॥

कृष्ण ने छेड़ी यहाँ वेणु पर तान
राम की मर्यादा पर सब करें अभिमान
मीरा, तुलसी, कबीर ने सृजे भक्ति गान
अध्यात्म का विश्व को दिया इसने ज्ञान॥

कृषक, सेनानी इस माटी का मान
लक्ष्मीबाई, प्रताप से जन्मे वीर महान
कालिदास, चरक सम जहाँ हुए विद्वान
योग, आयुर्वेद का यह जन्म स्थान॥

ऋषियों के वेदों से निर्मित जहाँ संस्कार
नवीन-पुरातन संस्कृति का अनूठा एक संसार
नालंदा, तक्षशिला ने विद्या का दिया उपहार
माँ शारदा, नटराज हैं संगीत, नृत्य के आधार॥

उत्सव, वेशभूषा, प्रांत, भाषाएँ, धर्म
अनेकता में एकता का आदर्श अनुपम
भारत ने दिया मंत्र वसुधैव कुटुम्बकम
धन्य, इस धरित्री पर लें जो जन्म॥

भारत का गौरव - हिंदी

पूर्वजों की विरासत, है अपूर्व वरदान
अतीत से जोड़े भविष्य का ज्ञान
मेरी प्रिय भाषा, यह मेरा अभिमान
हिंदी का विश्व में सर्वोपरि स्थान॥

कथा, नृत्य, गीत, काव्य के रंग
संस्कृति बने समृद्ध निज भाषा संग
रस, अलंकार, हैं इसके अंग
उन्नति का इसने छुआ उत्तंग॥

भारतेन्द, प्रेमचंद ने किया उत्थान
प्रसाद, दिनकर हुए कवि महान
रचे दोहे अमर कबीर, रसखान
अज्ञेय, निराला ने बढ़ाया सम्मान॥

सरलता ही इसका गुण विलक्षण
मनोभावों का यह है दर्पण
सोहे भाषाओं में, ऐसा भूषण
प्रगति में इसकी जीवन अर्पण॥

वन्दे भारतम्

जयति, नमामि, हे माँ भारती
है गंगे स्वयं चरण पखारती
प्रकृति की संपदा तुझे निखारती
प्रहरी पर्वत श्रृंखला सजग निहारती॥

सर्व धर्म समभाव है जीवन आधार
प्रथाओं-परंपराओं ने इसे दिया आकार
योग का दिया विश्व को उपहार
शौर्य की गाथाएँ यहाँ बनी अपरंपार॥

हुई परतंत्र, किया वीरों का आह्वान
दिलाई स्वतंत्रता जिन्होंने देकर बलिदान
हुआ निर्मित एक अनूठा संविधान
मिला तिरंगे को सर्वोच्च स्थान॥

करी प्रगति, उन्नत ज्ञान-विज्ञान
अंतरिक्ष पहुंच, बनाए नए कीर्तिमान
चिकित्सा में स्थापित उच्च प्रतिमान
मूल्यों, संस्कारों का सदैव सम्मान॥

भारत माँ को करते वंदन-नमस्कार
अपूर्व संस्कृति का होता रहे प्रसार
अनंत हैं इसके सब पर उपकार
अभिनंदन हे माँ करो स्वीकार॥

एक गुफ़्तगू

एक दिन आईना मुझसे बोला,
"आजकल वह कहाँ है, नज़र नहीं आती?
मैंने पूछा, "कौन?"
"अरे वही तुम्हारी खूबसूरत सी सखी!"
मैंने माथे पर सिलवटें डालकर पूछा,
"कौन सी सखी?"

वह बोला,
"वही, जो तुम्हारे होठों के कोरों पर झिलमिलाती थी
तो सारा जहाँ जगमगाता था
जब तुम्हारी आँखों से झाँकती थी
तो तसव्वुर दिल का बयाँ होता था
जब मासूम सी, तुम्हारे चेहरे पर बिखर जाती थी,
तो बता देती थी तुम्हारी भोली शख़्सियत के बारे में
तुम्हारी पहली पहचान, तुम्हारी मुस्कुराहट।"

मैंने कहा," है तो मेरे साथ ही,
पर आती है कुछ मौकों पर खास

दुनिया वालों को नहीं है पसंद, उसका लिबास
थोड़ा सा वह भी सकुचाती है
बाहर कम ही आती है।"

"जब भरोसा आस-पास दिखता है,
तो वह निकल आती है
जब सुकून भरे लफ्ज़ सुनती है
तो खुद को रोक नहीं पाती है
जब ममता भरी मासूमियत से
जिगर पाक होता है,
तो बरबस ही उजागर हो जाती है
जब मेरा शैदाई प्यार से पुकारता है
तो वह सरपट दौड़ी चली आती है।"

आईना बोला,
"पर वह है परिचय तुम्हारा
कितनों ने पाया उसी से सहारा
ग़मों की परछाइयों के बावजूद
खोया नहीं उसका मुकद्दस वजूद।"

आईना फिर बोला,
"मेरी मानो,

वह है एक खूबसूरत बला

कर देगी पूरे जहाँ का भला

नूर जो गया है चला,

लौटा लाने की इसमें है कला

थोड़ी उसे दे दो आज़ादी

हर मौके पर लेगी जीत बाज़ी।"

"आख़िर, तुम से वह और उस से तुम हो

पता नहीं क्यों दोनों ही गुम हो

लजाने दो उसे इस चेहरे पर फिर एक बार

देखना सब कैसे डाल देंगे हथियार

शाद-आबाद होने को हैं सब तैयार

बाँटने दो मुस्कान को खुशी और प्यार

बाँटने दो मुस्कान को खुशी और प्यार॥"

मैत्री

मित्रता

अनूठा एक संबंध यह
प्रेम की डोर से बँधा
स्नेह और विश्वास की
माला में है जो गुँथा॥

संबल और धीरज के मोती
सच्ची मित्रता ही पिरोती
पवित्र, निर्मल भावों की ज्योति
इन से ही यह सुरभित होती॥

इसकी लय से गीत बनता
इसके रंगों से सुर सजता
भावों की इसमें मधुरता
हर्ष से इसके हृदय उमगता॥

जोड़ हमारे हृदयों के तार
इसी ने किया पुलकित अपार
हमें मिला यह अनुपम उपहार
जिसकी निधि ने महकाया संसार॥

बाल्यकाल की मैत्री

संबंध मित्रता के, स्मृतियों में बस कर
सुखद समय के साक्षी बन कर
काव्य के छंदों में सज कर
हृदयों में हो जाते अमर॥

बालपन के झरोखे से की आँख-मिचौली
नयनों में थी कच्चे स्वप्नों की टोली
निश्छल, चंचल, उन्मुक्त ठिठोली
उल्लसित मन की बतियाँ भोली।

अपूर्व वह पल, अनुभूति अनमोल
लुकते-छिपते करते किल्लोल
स्वर-माधुरी से देते रस घोल
अंतर्मन की गिरहें तुरंत लेते खोल॥

अविस्मरणीय बचपन के दिन चपल
सखाओं संग क्रीड़ाएँ करते नवल
नित्य नवीन प्रश्नों के ढूंढते हल
समय कठिन में बनते संबल॥

मुक्तक-माणिक सा दमकता प्रतिपल
संझा निश्चिंत, भोर थी उज्जवल
व्यक्तित्व में समाहित वह क्षण सकल
जीवन ऊर्जा के बने स्रोत अविरल॥

इंद्रधनुष के रंगों सा मैत्री का बाना बुना
स्नेह व विश्वास की अटूट डोर से बँधा
सुमधुर बंधन यह करे मन प्राण सुवासित सदा
माधुर्य इस साहचर्य का, रहे उर में सर्वदा॥

बाल कविता

श्रीनगर की एक रात (हास्य बाल कविता)

आज एक कविता हूँ साथ लाई
बच्चों के लिए जो ख़ास बनाई
मस्ती करें कुछ, हुई बहुत पढ़ाई
मज़ा न आए तो कहना भाई॥

बात है यह बहुत पुरानी
एक आई. ए. एस की ज़बानी
है सत्य घटना, नहीं कहानी
तभी तो हमने भी है मानी॥

श्रीनगर के जंगलों में रहते थे दूर
एक दिन घर आए थक कर चूर
कर रहे थे मच्छर मनमानी भरपूर
साहब को किया बाहर जाने को मजबूर॥

लालचंद साहब के आदमी थे खास
चले जगहें घुमाने, साहब को आसपास
"देखिए साहब, वहाँ पर उग रहे बाँस"
"मेरी गर्दन पर कम्बख़्त, न ले साँस!!"

साहब को झाड़ी में कुछ दिया सुनाई
उन्होंने "हुश - हुश" की हल्की आवाज़ लगाई
समझे थे, पड़ोसी बिल्ली साथ चली आई
पर सामने उन्हें, दिया एक शेर दिखाई॥

साहब को हनुमान जी की बड़ी याद आई
लालचंद जपने लगा,"इस बार बचा लो माई"
पीछे आया साहब का हाथ पकड़ने को भाई
पर जल्दीबाज़ी में सिर्फ कमीज़ ही हाथ आई॥

शेरनी से शेर ने, खाई थी डाँट आज
मुँह लटकाए मुड़ गया, बिना किए कोई आवाज़
साहब चलें, पर बढ़ न पाएँ, यह क्या राज़?
"छोड़ कमीज़ मेरी लालचंद, बहादुरी का दूँगा ताज!"

भागने में दोनों ने गज़ब की फुर्ती दिखाई
अंधेरे में कभी न निकलने की कसम खाई
कलेक्टर अंकल ने आगे, बड़ी इज्जत थी कमाई
पर श्रीनगर उस रात, उन्हें नानी याद आई॥

वर्षा का उपहार

घनन-घनन गरजें काली-काली घटाएँ
कड़की बिजली, घनघोर अंधेरा हमें डराए
सरसि से चलें फर-फर हवाएँ
छम-छम वर्षा झूमे, नाच दिखाए॥

मेंढक टर्र-टर्र खुशी मनाते
सभी के छाते हैं खुल जाते
सूरज दादा कुछ पल को आते
संग अपने इंद्रधनुष हैं लाते॥

हरियाली का हमें मिलता उपहार
बढ़े फसल, किसान खुश अपार
नाचे मोर, जब पड़े फुहार
खुशियों से भर जाता संसार॥

काश मैं फिर बच्ची बन जाती
कागज की एक नाव तैराती
छप-छप पानी के छींटे उड़ाती
विद्यालय से उस दिन छुट्टी मनाती॥

घनन-घनन गरजें काली-काली घटाएँ
गरम जलेबी, पकौड़े, मन भर खाएँ
वर्षा ऋतु का सभी उत्सव मनाएँ
प्रभु के चरणों में शीश नवाएँ॥

चले हम पाठशाला

विद्यालय का मेरा वह पहला दिन
ममतामयी माँ की छाँव के बिन
आकुल मन, सब सुख गए छिन
सजल नयन, रहे पल-पल गिन॥

खेल-खिलौनों की थी भरमार
शिक्षिका ने दिया ढेरों प्यार
संगी-साथी, मिला नया परिवार
लेकिन अजब कुछ यह संसार॥

थोड़ा सा अनुशासन, थोड़ी पढ़ाई
कविता नई, अध्यापिका ने सिखाई
खाने की छुट्टी मन को भाई
घर की पर, फिर याद ले आई॥

मुस्कुराते हैं आज, कर याद वह पल
जब मन में मची थी उथल-पुथल
घर छोड़ने पर थे कितने विकल
उसी विद्यालय ने किया जीवन सफल॥

प्रदूषण के दुष्प्रभाव

ईश्वर ने जब था बनाया यह संसार
दिया था हरी-भरी प्रकृति का उपहार
वृक्ष, पुष्प, पल्लवों का था सुंदर परिवार
जिनके खिलने से रहती थी सदा बहार॥

मानव ने पहचाना न
मूल्य वन उपवन का
अपने स्वार्थ के लिए
किया उपयोग वृक्षों का
कटने से जिनके बिगड़ा
संतुलन इस प्रकृति का॥

अधिक वाहनों के धुएँ से
दूषित हवा है फैलती
चारों ओर के कोलाहल से
प्रदूषित है अपनी धरती॥

आओ करें सब यह प्रण

इस सुंदर धरती का हम

नष्ट करें न कोई कण

रखें दूर गंदगी हर क्षण

प्रदूषण का तब होगा अंत

बनेगा स्वच्छ फिर वातावरण॥

फूल हमारे साथी

रंग-बिरंगे फूल हैं प्यारे
बाग में लगते कितने न्यारे
सिर हिला हँसते, हमें पुकारें
बगीचे में इनके दोस्त कई सारे॥

तितलियों को हैं यह भाते
भँवरे गुन-गुन करते आते
कोयल, गिलहरी गीत गाते
मन को यह खुशियाँ दे जाते॥

बच्चों तुम इनके जैसे बनना
हँसते-मुस्कुराते काम करना
दोस्तों से कभी न लड़ना
फूलों सा कोमल दिल रखना॥

ऋतुएँ

खुशनुमा सर्दियाँ

सिहरती रातों में सर्द हवाएँ
बदलते मौसम की अजब अदाएँ
तपिश ज़मीं से चुरा ले जाएँ
गर्म चाय की चुस्कियाँ मन लुभाएँ॥

तेज, ठंडी हवाएँ देतीं उपहार
परांठे-मक्खन की देखो बहार
सुखाते पापड़, बरनी भर डले अचार
बातों के घोड़ों पर हरदम सवार॥

बर्फ़ीली हवाओं के आँचल को पकड़े
चले आते कुछ धूप के टुकड़े
सलाई पर स्वेटर के फंदों को जकड़े
जेबों में भर मूँगफली, गुड़ पर झगड़े॥

गर्म कपड़ों में ठिठुरे जाते
अमरूद, गज़क चुन-चुन खाते
धूप सेंकने का लुत्फ उठाते
दोपहरी घर के बाहर बिताते॥

खुशनुमा शामों में कचौरियों का दौर
रजाई में घुस, किस्सों पर गौर
गहराती रातों में सब अपनी ठौर
समाँ उन सर्द जाड़ों का और॥

गर्मियों का मौसम

आया महीना जून का, सूरज उगले आग

पर्वतीय स्थलों पर लोगों की भागम-भाग

लीची, आड़ू, आम से लद रहे बाग

कोयल रानी सुनाती नित नए मधुर राग॥

विद्यालय की हो गई छुट्टियाँ, खुशी मनाते सब

बच्चों ने पूरी कसर निकाली, मौका मिले कब

बस्ते रखे कोने में, भाएँ न किताबें अब

ठंडे शरबत, कुल्फी की फरमाइश करते जब-तब॥

सूरज दादा ने दे दी सभी को शिकस्त

गर्मी कम न होती जब यह होते अस्त

वर्षा की राह तकते, कृषक हो गए पस्त

लू के थपेड़ों से हुआ यह जग त्रस्त॥

बदलेगा यह मौसम भी, होंगे फ़िर दिन खुशगवार

वर्षा के बाद, जाड़ों का भी मिलेगा उपहार

अलग-अलग मौसमों से, सजाया ईश्वर ने संसार

परिवर्तन में ही तो, इस जगत का सार॥

बरखा ऋतु

वर्षा की प्रथम वह रिमझिम फुहार

मेघ छेड़े रूपक, गाए पपीहा मल्हार

हर्षित करे मन को शीतल बयार

प्रकृति का उत्सव लाए उल्लास अपार॥

हरीतिमा चहुँ ओर, खिले पुष्प हर रंग

खेले आँख-मिचौली बदरा दामिनी के संग

मोर करे नृत्य, भर मन में उमंग

सूर्यदेव ले आते इंद्रधनुष को संग॥

बरखा का जल बरसे झर-झर

निर्झरिणी बहती कर कल-कल स्वर

झूम उठे मन, मुदित हुए खेतिहर

तप्त, शुष्क धरा हुई जीवंत, मुखर॥

है ऋतु यह अद्भुत, करे जीवन संचार

धन-धान्य, संपन्नता से हो समृद्ध संसार

निसर्ग में ले आती है अनूठा निखार

सृष्टा का है यह एक अनुपम उपहार॥

मधुमास

स्पर्श से वसंत के प्रकृति खिलखिलाई

उर्वरा धरा पर पीली सरसों लहलहाई

नव कोंपल झूमी, हरित लतिका मुस्कुराई

मधुमास ज्यों आया, सुरभित बयार इठलाई॥

मंजरियों से झुकी हर आम्र डाली

लहराई छबीली स्वर्ण गेहूँ की बाली

अलसाई धूप बिखराएँ वसुधा पर अंशुमाली

टेसू, गेंदा चुनती, ठिठोली करें आली॥

मकरंद पर मंडराएँ चपल तितली, भ्रमर

बुलबुल, कोकिला, मयूर हो उठे मुखर

स्वस्ति गाएँ पंछियों के समवेत स्वर

रूपसी वसुंधरा का सौंदर्य गया निखर॥

वसंतोत्सव के छाए मनोरम रंग

हर्षोल्लास की छा गई तरंग

खेलें फाग कान्हा राधिका संग

ऋतुराज ले आया अनूठी उमंग॥

आस भरा नया बरस

है स्वागत, अभिनंदन, नवीन वर्ष, आओ
धन-धान्य, समृद्धि का उपहार लाओ
भ्रातृत्व, प्रेम, विश्वास की लौ जगाओ
विश्व में शांति की ज्योत जलाओ॥

है यही आशा, नव वर्ष हो ऊर्जावान
स्वास्थ्य, आरोग्य का करते हैं आह्वान
हो निरोगी जगत, सभी बनें आयुष्मान
प्रगति, विकास के स्थापित हों कीर्तिमान॥

सुख-सौभाग्य से निर्मित हो नव संसार
मिटे अनीति, अन्याय, कुव्यवस्था व अनाचार
महत्त्व पाए जीवन में मूल्य व संस्कार
एक सुदृढ़ समाज के बनें यही आधार॥

नव संकल्प, नव्य विचार, नवीन स्वप्न, लें आकार
नूतन परिकल्पनाएँ, नित नए प्रयोग होते रहें साकार
संबंधों में मधुरता का रस घुलता रहे अपार
परमपिता परमात्मा का आशीष बना रहे अपरंपार॥

सुस्वागतम हे नव वर्ष

अभिनंदन, वंदन हे अभिनव वर्ष

स्वागत नव भोर का करें सहर्ष

हो प्रगति, मंगलमय हो उत्कर्ष

स्थापित हों नव्य विचार, आदर्श॥

ज्ञान-विज्ञान का हो उत्थान

नवीन स्वप्नों की भरें उड़ान

स्वास्थ्य, शिक्षा में करें अनुसंधान

मूल्यों, संस्कारों, को दें सम्मान॥

प्रेम, सम्मान, आदर हों व्यक्तित्व के पर्याय

लिखें सभी सहिष्णुता के नव अध्याय

हो मूलमंत्र सर्वजन हिताय, सर्वजन सुखाय

मिटे कष्ट, विलीन हो दुर्भावना और अन्याय॥

देश की एकता, अखंडता न हो कभी भंग

नूतन परिवेश में नवीन संबंधों के खिलें रंग

नवल निर्माण स्वर्ण-युग का करें सब संग

ईश कृपा से संचरित रहे नव ऊर्जा, उमंग॥

विवाह गीत

बधाई

ईश्वर की कृपा से शुभ घड़ी है आई
मंगल गीत गूँज रहे, सब दे रहे बधाई
पावन अवसर की पुलक हर ओर है छाई
हृदयों में प्रफुल्लता यह बेला है लाई॥

जुड़ रहे प्रणयी हृदयों के तार
रचाने चले एक नूतन संसार
हर्षित स्नेहीजन व समस्त परिवार
मिले सभी के स्नेहाशीष अपार॥

यही हमारी है कामना सर्वदा
रहे भरपूर प्रेम, सुख-संपदा
प्रभु हर लें, जो हो कोई विपदा
सुवासित रहे यह बगिया सदा॥